AF392460

# CUENTOS Y PREGUNTAS PARA VIVIR DESPIERTOS

Miguel Ángel Montero

Ilustraciones de Javi Martínez

# INTRODUCCIÓN

Las mejores enseñanzas, acciones y decisiones, a menudo, surgen a partir de una pregunta, ese interrogante que muchas veces incomoda, porque te obliga a pensar y rebuscar en tu interior.

Una buena pregunta puede generar dudas, provocar desorden, miedo, inestabilidad, desconcierto... Por este motivo, son muchos los que eligen vivir sin hacerse preguntas, porque preguntarle al corazón es un acto de valientes, una acción que requiere coraje para estar dispuesto a escuchar una respuesta que, tal vez, no queremos oír; una solución que puede implicar efectuar un cambio, tomar acción y enfrentarnos a nuestras barreras mentales.

Una pregunta puede complicar tu existencia, pero es el coste por dirigir nuestra vida y ser los protagonistas de esta.

Las mejores preguntas siempre salen de los niños, ya que ellos ansían aprender, su curiosidad no tiene límites, no distinguen entre lo apropiado o inapropiado, simplemente preguntan todo aquello que les intriga, porque ellos no temen la respuesta.

Por otro lado, algunas de las mejores respuestas están en los cuentos: esas breves historias que, de una forma sutil, otorgan un aprendizaje magistral, tanto para pequeños como para mayores, porque los cuentos aunque, equivocadamente, se han atribuido a la infancia, realmente pueden ser útiles a cualquier edad o compartidos en familia para disfrutar de sus valiosas lecciones conjuntamente.

Ese es el propósito de este libro, crear reflexiones, que sirvan tanto para niños como para adultos, a través de las complicadas preguntas que Eva, una niña de diez años, le realiza a Natalia, su madre, y por otro lado, los cuentos —inéditos y originales— que el autor ha inventado de forma intencionada en torno a cada una de esas preguntas y reflexiones.

Además, después de cada cuento, tendrás una aportación extra con una explicación complementaria, así como un resumen con los conceptos más esenciales a tener en cuenta, para vivir despiertos y poder comprender, de una forma amena, aquello que más cuesta aprender: lo «esencial».

# EVA

Eva es una niña de diez años, fisgona, audaz y muy despierta, que está descubriendo aquello que llamamos «vida». Mediante ingeniosas preguntas que sobrevuelan su imaginación y estimulan su incesante interés por aprender, se cuestiona todo lo que le rodea, tratando de comprender la «vida», o intentándolo al menos.

# NATALIA

Natalia es la mamá de Eva y la víctima de las ilimitadas preguntas que su hija le plantea continuamente. Con paciencia, atiende la ferviente curiosidad de Eva sin esquivar ningún tema y, aunque no sabe todas las preguntas, siempre tiene una respuesta para ella, procedente del lugar más sabio de su anatomía: el corazón.

—Mamá, ¿sabes que te quiero?

—Claro que lo sé, pero me encanta que me lo recuerdes.

—¿Y tú? ¿Me quieres mucho?

—Te quiero muchísimo, cariño —respondió Natalia.

—¿A quién quieres más?, ¿a papá o a mí? —consultó Eva.

Aunque Natalia no esperaba esa pregunta, tampoco le extrañó, porque sabía que es común, tanto en niños como en adultos, querer medir y comparar el amor.

—Me lo pones difícil —contestó Natalia, haciéndose la interesante—. Déjame que piense.

—Venga, mamá, ¿a papá o a mí? —volvió a preguntar, esperando la respuesta deseada.

—¿Puedo dejarlo en empate?

—No, tienes que elegir —dijo Eva, inflexible—. ¿A quién quieres más?, ¿a papá o a mí?

—Está bien, si insistes y tengo obligatoriamente que elegir, escogeré la segunda opción: a mí —contestó Natalia haciendo un guiño.

# A TRAVÉS DEL ESPEJO

Esa mañana regresó, después de mucho tiempo, su rostro se reflejó de nuevo en el espejo del vestidor, un espejo que conocía más acerca de ella, que ella misma.

Ese rostro había ido cambiando con los años, no solo por el desgaste de estos, sobre todo por su expresión. Su semblante poco tenía que ver con aquel que consiguió deslumbrarlo el día que apareció por primera vez frente a él. El espejo quedó impresionado por la luz, el brillo y la mirada cautivadora de esa joven, de apenas dieciocho años, que acababa de conocer. Había visto con anterioridad caras más bellas, pero no con esa energía, fuerza y armonía.

El espejo recordó cómo aguardaba ansioso, cada mañana, para volver a contemplar el reflejo de la princesa: sus ojos grandes y redondos, de un color incierto entre el azul y el violeta; sus rosadas mejillas; la dorada melena que solía cepillar sosegadamente y, especialmente, esa sonrisa que se extendía de lado a lado. Esa sonrisa es la que más echaba de menos.

Como todas las princesas, Sarai también creció soñando con un príncipe azul, ese hombre perfecto que debía aparecer para cautivarla, con sus maravillosas cualidades, y con el que podría casarse, formar una familia y ser muy feliz.

Sus padres le habían enseñado que así debía ser, que tenía que esperar a que llegara un príncipe apuesto y valiente que la protegería y aportaría seguridad, a cambio de ofrecerle amor, amor eterno.

Después de tantos años, frente a frente, al espejo le bastaba una simple imagen para saber cómo se encontraba la princesa, no necesitaba palabras, solo con mirarla a los ojos podía visualizar su interior. A veces, estos ojos exhibían ilusión y alegría aunque, en otras ocasiones, también mostraban tristeza. Esto, el espejo podía percibirlo con facilidad.

Sin embargo, la situación cambió y, progresivamente, dejó de identificar los sentimientos de la princesa, por mucho que la observara detenidamente, el espejo era incapaz de  reconocer las emociones que tenía frente a él, había perdido el poder de escrutar en su interior, ya no encontraba alegría o tristeza, el rostro de Sarai estaba dominado por la inexpresividad absoluta.

Otra cosa, que también preocupaba al espejo, era que cada vez iba menos a visitarlo, no era como al principio que sucedía varias veces al día. Desde hacía más de un año, la frecuencia había variado totalmente y se pasaba semanas sin contemplarla.

El espejo rememoró el día que la princesa conoció a su príncipe azul, desde la distancia desbordaba entusiasmo. Era tan grande la ilusión, que no se conformó con observar al espejo, sino que comenzó a hablarle en voz alta y contarle todo lo que sentía, sus impresiones y sensaciones.

Le confesó que le encantaba pasear, por los jardines del castillo, cogidos de la mano; que disfrutaba tremendamente cuando el príncipe le susurraba, al oído, amorosas palabras, o cuando llenaba su cama de pétalos de rosa.

Eso fue sobre todo al principio, después, las sensaciones cambiaron, y también lo hicieron las historias... y su rostro.

La princesa, a menudo, hablaba con el espejo, justificándolo, intentando buscar explicación a esas acciones que se empeñaba en entender: los largos periodos de ausencia, los desprecios, las frecuentes discusiones o las más que probables infidelidades.

Cuando las lagrimas cesaban, comenzaba la secuencia de excusas para continuar a su lado. Sus palabras, a veces, conseguían engañar al espejo, sin embargo, su expresión nunca lo lograba.

Finalmente, sucedió algo que, a pesar de parecer evidente que ocurriría, suele tardar más de lo esperado. Sarai adquirió el coraje suficiente para tomar la decisión de alejarse del príncipe, separarse de ese extraño que dormía con ella. Ya no tendría que soportar su amenazadora presencia, por fin era libre.

Lo que podría parecer que sería un motivo de júbilo, en realidad, fue todo lo contrario. Cuando el espejo la recibió, quedó consternado: jamás había visto tanta tristeza en la princesa. Seguramente, era pronto para entender que una relación que hace daño, no es amor.

Esa mañana, inicio y fin se aunaron en un último cruce de miradas. Sarai, con una furia irreconocible, comenzó a increpar al espejo, como si él fuera el responsable de lo acontecido o, más bien, como si la persona reflejada fuera la responsable.

—¡¿Ahora quién me va a querer?! —pronunció, con rabia, Sarai

El espejo conocía la respuesta, aunque no tenía forma de expresarla.

—¡Contéstame! ¡¿Quién puede quererme?! —reiteró enfadada.

El espejo deseaba hablarle, poder emitir, al menos, una palabra, eso era todo lo que necesitaba, una palabra.

La princesa, totalmente descontrolada, se despojó de uno de sus zapatos, lanzándolo con fuerza contra el espejo, descargando de esta manera su cólera hacia sí misma.

El espejo recibió el impacto con asombro, con pasividad y sumisión, aceptando su destino, sabiendo que a partir de ese momento quedaría roto, quizá para siempre. El golpe fue demasiado fuerte y el espejo sintió cómo se dividía en pedazos y grietas que lo dejarían inservible, aunque encontró la oportunidad de hablar. De la única manera que podía, consiguió transmitir el mensaje reclamado.

El cristal se resquebrajó, apareciendo dibujada la palabra que daba respuesta a la recurrente pregunta de la princesa: «TÚ».

*El primer paso hacia el ser amado, es aprender a amar lo que ves cuando miras en el espejo*

Tadahiko Nagao

# PARA VIVIR DESPIERTOS...

Desde muy pronto, nos enseñan que el amor siempre se exporta, está destinado a otras personas: hijos, padres, hermanos, pareja... Aprendemos a querer, no a querernos, porque nadie nos explicó que el amor principal debe ser interno y dirigido a nuestra persona, por eso, lo más importante no es tener amor, sino ser amor.

De esta manera, no se basará en recibirlo de alguien, sentiremos ese amor por todo lo que hacemos, por las personas que son especiales, por los pequeños momentos, por las cosas básicas de la vida y, este amor, puede vestirse de bonitas palabras, agradecimiento, una sonrisa, acciones, cariño, abrazos, besos..., «te quiero», no basta con saberlo, hay que decirlo a esas personas que lo merecen.

El amor debe ser incondicional, regalándolo de forma voluntaria, sin condiciones y sin esperar nada a cambio aunque, con el tiempo, nos iremos dando cuenta de quiénes son las personas en las que centrarme y las que quiero tener a mi lado, dedicándoles mi atención y mi tiempo a estas: las que son agradecidas, las que me escuchan, me hacen sentir bien, me apoyan..., alejándome, en la medida de lo posible, de personas tóxicas y negativas, que restan energía, no aportan absolutamente nada y transmiten su negatividad.

Hay un principio básico que se debe tener presente: si causa dolor, no es amor.

En definitiva, no necesitamos a ningún príncipe azul para sentirlo, si el amor permanece dentro, seremos capaces de amar fuera.

Recuerda que, en cualquier caso, nunca estarás solo o sola, porque habrá alguien que te querrá para siempre: TÚ.

# RECUERDA...

| | |
|---|---|
| EL AMOR PRINCIPAL DEBE SER INTERNO | DIRIGIDO A NOSOTROS MISMOS |
| NACIMOS LIBRES Y SOMOS LIBRES | NADIE NOS PERTENECE |
| LO MÁS IMPORTANTE EN EL AMOR NO ES RECIBIRLO | LO MÁS IMPORTANTE ES TENERLO |
| SI CAUSA DOLOR, NO ES AMOR | PODRÁ SER OTRA COSA, PERO NUNCA AMOR |
| SI HAY AMOR VERDADERO NO HACE FALTA PROHIBIR | PORQUE LAS COSAS QUE HACEN DAÑO, NO LAS HAREMOS |
| HABRÁ ALGUIEN QUE TE QUERRÁ PARA SIEMPRE | ¡TÚ! |

—¿Cómo voy a poder? Es dificilísimo, no lo conseguiré.

—Tienes razón, no lo conseguirás —corroboró Natalia.

—¡En serio, mamá! No me da tiempo a estudiar todo lo que entra para el examen —explicó Eva, agobiada—. Además, hay muchas cosas que no entiendo, es tontería que siga aquí perdiendo el tiempo porque, de todos modos, voy a suspender —concluyó, luchando por contener las lágrimas.

—Tranquilízate Eva —dijo Natalia—. Haz un descanso mientras cenamos y, al terminar, te ayudaré a preparar el examen.

Eva, con un semblante serio, hizo caso a la recomendación de su madre, aunque durante toda la cena se mostró afligida y apática, apenas comió un trozo de pan y un poco de fruta. En general, Eva era muy buena estudiante y solía aprobar todas las materias, por eso, la sombra del posible suspenso le atemorizaba y, en lugar de buscar los medios para resolver la situación, el miedo le producía un efecto paralizador que le impedía actuar, solo se limitaba a quejarse y lamentarse por algo que todavía no habías sucedido y lo más importante: tenía solución.

Natalia y Eva estuvieron durante más de tres horas repasando, juntas, el contenido. Al principio, Eva no albergaba ilusión, puesto que continuaba pensando que era un esfuerzo inútil, sin embargo, conforme pasaba el tiempo y comprobaba que comprendía muchas de las cosas que antes eran indescifrables, esa ilusión despertó y fue creciendo de tal forma que, alrededor de la media noche, Eva ya no solo escuchaba las explicaciones de su madre de forma pasiva, también participaba, ponía ejemplos, hacía esquemas de los temas, sabía relacionar conceptos y respondía con acierto las preguntas formuladas. Su ánimo había dado un giro completo y sus expectativas también habían cambiado radicalmente.

—¡Lo entiendo! ¡Me lo sé! —gritó Eva, justo después de cerrar el libro y dar por concluida la sesión de estudio—. ¡Lo voy a conseguir! ¡Lo voy a conseguir! —clamó Eva, eufórica.

Natalia observó su brillante mirada cargada de fuerza, la energía que desprendía su sonrisa y el ímpetu de esas palabras que, indudablemente, exhibían convicción.

—Tienes razón, lo conseguirás —señaló Natalia, satisfecha.

# EL PÁJARO TERRESTRE

Desde el mismo momento en que nació Alillas, se dieron cuenta de que no era una ave «normal», puesto que su proporción física no era igual que la de las demás, tampoco se movía como las demás y su cuerpo, en general, no era como el del resto de la bandada. Todos se habían dado cuenta de su rareza, menos él.

En el nido no existía ningún espejo, tampoco había espejos en el bosque, por lo que creció ajeno a su diferencia, considerándose otro pájaro más, sin ningún tipo de complejo ni motivo para avergonzarse o sentirse un bicho raro.

En el bosque le conocían como «Alillas», por la reducida dimensión de sus alas. De este aspecto sí se había percatado, sabía que era así, aunque ni le molestaba el apodo ni mucho menos lo consideraba un defecto o problema.

Al poco de nacer se generó mucha expectación entre los habitantes del bosque, que de forma recurrente merodeaban por el nido para conocerlo y comprobar si era cierto el rumor que se había extendido, ya que todos murmuraban que había nacido «un pájaro terrestre».

Los papás de Alillas le dieron mucho cariño, desde el principio, y lo trataron como al resto de sus guachos, evitando que se sintiera afligido o diferente, aunque su preocupación fue aumentando conforme pasaba el tiempo y parecía confirmarse el presagio de que, efectivamente, sería un pájaro terrestre.

Habían transcurrido ya dos meses desde su nacimiento y todavía no había sido capaz de despegar, cuando el tiempo promedio del resto de pájaros, de su especie, para empezar a volar era de aproximadamente veinte días.

Lejos de frustrarse, Alillas entrenaba duro todos los días, de una forma constante, sin rendirse en ningún caso, a pesar de que los progresos eran prácticamente nulos. Su papá, que era un experto planeador y tenía una reconocida habilidad para el vuelo, le acompañaba cada día en el entreno, alentándole incansablemente, enseñándole la técnica necesaria, ayudándole y dándole las pertinentes instrucciones.

El padre de Alillas experimentó con distintas estrategias de ensayo, todas las ocurrencias que pasaban por su cabeza las ponía en práctica, con la esperanza de que alguna de ellas funcionara.

Usando su pico, le empujó con fuerza, por su cola, para que cogiera impulso y lograra despegar, pero una vez que saltaba para iniciar el ascenso, volvía a caer en un par de metros; después lo transportó sobre su cuerpo, como si se tratara de un avión, para que desde el aire pudiera aletear y mantenerse flotando, aunque siempre tenía que recogerlo rápidamente antes de que cayera al suelo; también probó a subirlo a una rama para que saltara pero, por mucho que movía sus alas a toda velocidad, apenas conseguía mantenerse en el aire unos segundos.

A pesar de todos los esfuerzos infructíferos, Alillas no se desanimaba y, al término de cada jornada, se decía a sí mismo: «mañana lo conseguiré».

Sin embargo, su padre sí que se estaba desmotivando progresivamente, y las dudas sobre la capacidad para volar o, mejor dicho, la incapacidad para volar de su hijo, se estaban asentando en su cabeza.

Con el argumento de que tenía que realizarse la revisión de los tres meses de vida, sus padres lograron convencer a Alillas para visitar al médico del bosque: el doctor Zorrín.

Realmente, el motivo de la visita no era otro que consultarle al doctor acerca del problema de su hijo, que les diera un diagnóstico y les explicara si existía algún tipo de tratamiento o solución para su caso.

Sujetando ambos progenitores cada una de las alas de Alillas, con su propio pico, sobrevolaron el extenso bosque hasta llegar a la consulta del doctor Zorrín, una pequeña cueva ubicada en la ladera de la montaña.

La familia pajaril  fue recibida amablemente por el doctor, que les invitó a pasar al interior de su modesta clínica. Agarrando al pequeño Alillas suavemente, lo posó sobre una camilla para comenzar la exploración.

Midió cada parte de su cuerpo con una regla, apuntando los datos registrados; auscultó con el estetoscopio el tórax y abdomen; le realizó un análisis de plumas; comprobó los reflejos en sus patas y, por último, estudió con detenimiento cada una de sus pequeñas alas, realizando una radiografía de las mismas.

A la semana siguiente, los papás de Alillas, esta vez sin la compañía de su hijo, volvieron a presentarse en la clínica del doctor Zorrín para recoger los resultados.

—No tengo buenas noticias —expresó el doctor.

—¡Lo sabía! —indicó la mamá de Alillas.

—El análisis de plumas ha sido desfavorable, el tamaño de su cabeza es demasiado grande en relación con el cuerpo, tiene una ligera torsión en su cola y, por supuesto lo más problemático, sus alas son muy cortas.

—¿Entonces? —preguntó el papá de Alillas, pese a intuir la respuesta.

—No podrá volar —confirmó el doctor.

Su madre, aunque lo suponía desde hacía tiempo, no pudo contener las lágrimas al escuchar el veredicto.

—¿Se puede hacer algo? —consultó.

El doctor Zorrín arqueó sus frondosas cejas, quedando pensativo.

—Lo único posible es un trasplante de alas, aunque es una intervención muy arriesgada, que no garantiza que pueda volar y hay muchas probabilidades de que fallezca durante la operación, por lo que esta opción es mejor descartarla —explicó el doctor—. Sinceramente, creo que lo mejor es que lo acepte y se acostumbre a una vida terrestre.

Regresaron a casa consternados por el diagnóstico, pero sobre todo por tener que explicarle a su hijo que nunca sería un auténtico pájaro. La dificultad para contárselo se multiplicó cuando observaron, a lo lejos, a Alillas saltando una y otra vez desde una vieja escalera de madera al tiempo que movía sus alas tan deprisa que parecían desaparecer. Caía contra el suelo, se levantaba y, acto seguido, volvía a subirse al último escalón para lanzarse de nuevo.

—¡Papá, mamá! ¡Ya he conseguido volar tres metros! —gritó nada más verlos.

Alillas, con una extensa sonrisa, exhibía la ferviente ilusión que le caracterizaba..., esa ilusión que sus padres, ahora, tenían que robarle.

—¿Qué os ha dicho el médico? —preguntó.

—Que todo está bien. —Mintió su padre.

La mamá de Alillas miró fijamente a su marido, asombrada por la respuesta, sin embargo, ella tampoco desveló la verdad.

—¡Yuju! —vociferó Alillas—. ¡Ahora no pararé hasta lograrlo!

Era difícil ser sincero, expresarle que era inútil lo que estaba haciendo, decirle que dejara de entrenar, que dejara de soñar.

Pasaron dos semanas y no habían reunido todavía el valor suficiente para contarle a su hijo la verdad, sobre todo porque, desde que Alillas pensaba que el informe del médico había sido positivo, había intensificado su entrenamiento y pasaba día y noche trabajando duro en pos de su meta.

Su padre ya no le acompañaba, se limitaba a contemplarlo desde la ventana, sintiéndose triste y especialmente culpable por permitir que su hijo se ilusionara para nada.

«Tenemos que decírselo ya», repetían continuamente. Pero pasaban los días y no lo hacían.

Todo cambió una mañana que Alillas entró a su casa bruscamente, sobresaltado por la emoción, casi no le salían las palabras.

—No os lo vais a creer —dijo con dificultad por la acelerada respiración—. He conseguido mantenerme en el aire un minuto y en total he logrado avanzar veinte metros. ¡Creo que estoy preparado!

Su padre, con un rápido gesto, cerró el periódico que hojeaba. Había llegado el momento de confesarle la dolorosa realidad, no podían seguir engañándolo ni mantener el silencio indefinidamente, eso solo aumentaría el sufrimiento posterior.

—Tenemos algo importante que contarte.

—Ahora no es el momento —zanjó repentinamente Alillas y salió corriendo a toda velocidad—. Tengo que probarme a mayor altura —pronunció desde la distancia.

Sus padres tardaron en reaccionar, no sabían a qué se refería con esas palabras de «probarse a mayor altura», hasta que saltó el chispazo en el cerebro de su mamá.

—¡Oh no! Espero que no sea...

—¿Qué? —preguntó el papá de Alillas nervioso.

—Espero que no se dirija hacia el precipicio. —Concluyó la frase.

Nada más oírlo, marcharon, velozmente, gritando el nombre de su hijo.

Alillas, por su parte, corría y corría carente de temor, sin escuchar nada más que sus pasos y una voz interna que le repetía: «puedo, puedo, puedo...».

Sus padres vieron en la lejanía a su hijo, aunque sabían que, por muy rápido que volaran, no le darían alcance, por lo que solo les quedaba ordenarle que se detuviera con la esperanza de ser escuchados.

Alillas, en cambio, no los oía, solo atendía esa voz proveniente de su interior: «puedo, puedo, puedo...».

Le estaban recortando distancia, aunque el precipicio estaba muy próximo, tan próximo que vieron a Alillas desaparecer tras este. Cuando, exhaustos, llegaron al borde del mismo, no había rastro de su hijo.

La madre de Alillas comenzó a llorar amargamente, aunque no había tiempo para lamentos, debían actuar con rapidez. El precipicio tenía muchísima altura, no obstante, cabía la posibilidad de que hubiera caído sobre una rama que amortiguara el golpe, o quizá que la corriente de aire le hubiera arrastrado hasta el río, frenando igualmente el impacto.

Los gritos habían alertado a muchos animales que se acercaron para observar lo sucedido. El pánico se extendió en el bosque, puesto que la tragedia parecía evidente.

La niebla dificultaba la visibilidad y la única opción de encontrarlo era descendiendo hasta tierra firme. Eso creían todos, todos menos uno.

—¡Holaaaa! ¿Qué hacéis ahí, mirando al suelo?

Automáticamente, el conjunto de animales levantaron su cabeza para comprobar que Alillas no estaba debajo, sino encima de ellos. Seguidamente, sobrevoló con una destreza inimaginable el área en el que se encontraba, surcando el cielo y atravesando las nubes que siempre había querido alcanzar, hasta que, finalmente, aterrizó junto a la masa de inesperados espectadores que, atónitos, habían presenciado un espectáculo común, a la vez que extraordinario.

El silencio imperaba, todos los animales enmudecieron, como si no fuera a Alillas al que habían visto en el aire, sino a un burro.

—¿Cómo es posible? ¿Cómo lo has hecho? —preguntó la lechuza.

—¿A qué te refieres? —sondeó Alillas.

—¡A volar! ¡¿Cómo has podido volar?! —gritaron el oso y la ardilla al mismo tiempo.

Alillas, sin entender muy bien esa pregunta e indiferente a la expectación creada, se limitó a contestar lo que para él era obvio:

—¡Muy fácil! Porque soy un pájaro... y los pájaros pueden volar.

*Tanto quien dice que puede como el que dice que no puede, usualmente tienen razón*

Confucio

# PARA VIVIR DESPIERTOS...

Alillas logró su objetivo no solo porque era un pájaro, también porque su mente no supo, en ningún momento, que no podía volar.

Una de las frases más poderosa que existe es «sí puedo». Son solo dos palabras, pero al juntarlas adquieren una fuerza inmensa, capaz de conseguir logros increíbles.

La diferencia entre las personas que lo consiguen y las que no lo consiguen, suele ser simplemente creer o no creer..., interiorizar mentalmente «sí puedo» o «no puedo».

Si salimos a jugar pensando «sí puedo», es posible ganar o perder, sin embargo, diciéndonos a nosotros mismos que no podemos, es seguro que perderemos. La mentalidad ganadora no consiste en ganar, sino en pensar siempre en ganar, después los resultados pueden ser favorables o no, aunque nunca debemos tirar la toalla sin antes haber luchado y hecho todo lo posible por conseguirlo.

Tenemos miedo a no lograrlo y, por eso, ante cualquier meta o desafío, nuestra mente nos advierte de que es posible que fracasemos, que no nos hagamos ilusiones porque es muy difícil y seguramente no seamos capaces. Sin embargo, el mayor fracaso es abandonar sin saber qué habría pasado.

Existen factores que no podemos controlar y, en cierto modo, nos pueden limitar en algunos aspectos, no obstante, si persistimos, comprobaremos que, casi siempre, nuestros límites son mayores de lo que en un principio pensábamos ya que, a menudo, la actitud supera a la aptitud.

Si queremos algo, no podemos ponernos mil excusas para no ir a por ello, no podemos dejar que los demás decidan por nosotros, que elijamos conformarnos a soñar, solo porque exista el riesgo de no conseguirlo, solo porque otros nos digan que no seremos capaces. Debemos escuchar nuestra voz interna.

Está claro que todo no se puede conseguir a la primera, nos encontraremos obstáculos, barreras y la palabra «no» en el camino —hasta a The Beatles les dijeron «no» en ciertas ocasiones, y después hicieron historia—, tendremos que ser constantes, trabajar y esforzarnos, caer y levantarnos, para saborear nuestro premio después, como le sucedió a Alillas.

En ocasiones, aunque apostemos fuerte por obtenerlo y pongamos todos los medios a nuestro alcance, no lo lograremos, está esa posibilidad. Sin embargo, esto no debe ser motivo de frustración, sino de orgullo por haber hecho lo que podíamos, motivo de aprendizaje y motivo de reflexión porque, probablemente, ese proceso nos ha llevado hacia otro lugar, quizá mejor que el inicial.

Antes de comenzar un proyecto, un reto, un examen, una prueba, un trabajo o cualquier aspiración, tenemos que repetirnos en nuestra cabeza «sí puedo». De esta manera, tendremos opciones de que así sea, y si finalmente no lo logramos, nos tranquilizará saber que no hemos perdido, sino que nos quedamos como estábamos, y por delante de todos aquellos que ni siquiera lo intentaron.

# RECUERDA...

| | |
|---|---|
| INTERIORIZA MENTALMENTE «SÍ PUEDO» | Y SEGURAMENTE PODRÁS |
| A MENUDO, LA ACTITUD SUPERA A LA APTITUD | LA ACTITUD TE HARÁ SUPERAR TUS LÍMITES |
| LA MENTALIDAD GANADORA NO CONSISTE EN GANAR | SINO EN PENSAR SIEMPRE EN GANAR |
| DEBEMOS ESCUCHAR NUESTRA VOZ INTERNA | ESTA VOZ INCOMODA, PERO SABE TUS SUEÑOS |
| EN EL PEOR DE LOS CASOS, NOS QUEDAREMOS COMO ESTAMOS | SI NO SE CONSIGUE, NO ES TAN GRAVE |
| ABANDONAR ES TU DECISIÓN | NUNCA LA DE LOS DEMÁS |

—¿Te han vuelto a llamar otra vez? —preguntó Eva.

—Sí, esta ya es la tercera —respondió Natalia al mismo tiempo que guardaba su teléfono móvil en el bolsillo.

—¿Y qué quieren?

—Que regrese con ellos.

—¡Pero si ya estabas con ellos! —expresó Eva, sorprendida.

—Así es, pero como me he cambiado de compañía telefónica, pues insisten en que vuelva de nuevo y no paran de hacerme ofertas para tratar de convencerme.

—A ver si lo entiendo —indicó Eva—. Estabas en una compañía de teléfono a la que, según me dijiste, llamaste varias veces para que te mejoraran la tarifa que tenías y no te hicieron ni caso.

—Correcto —confirmó Natalia.

—Entonces, harta de que no te escucharan, decidiste cambiar de compañía de teléfono, ¿verdad?

—Exacto.

—Y ahora que has cambiado —prosiguió Eva—, la anterior compañía, en la que ya estabas y no te hacían caso ni ofrecían descuento alguno, no para de llamarte para pedirte que regreses con ellos y hacerte ofertas.

—Efectivamente —afirmó Natalia.

—No lo entiendo, mamá. ¿Por qué?

Natalia sonrió ante esa mezcla de madurez e inocencia que trasmitían sus ávidos ojos, unos ojos que empezaban a mirar el mundo de otra manera, tratando de entenderlo, si es que eso era posible.

—Hay personas que, únicamente, valoran lo que tienen una vez que lo pierden —aclaró Natalia.

# EL HOMBRE MÁS RICO DEL REINO

Samuel había dedicado toda su vida a conseguir dinero. No se conformaba con tener una casa enorme con sirvientes, comer en los mejores restaurantes o vestir los trajes más caros, su único objetivo en la vida era incrementar su fortuna, a pesar de que esta era tan grande que, prácticamente, resultaba inagotable. Tampoco tenía apenas tiempo para disfrutar de ella, ya que siempre se encontraba trabajando, aunque esto no le importaba, puesto que solamente con tenerla y poder ver cómo aumentaba la cifra de su cuenta progresivamente, le hacía sentir satisfecho.

Se había convertido en uno de los hombres más ricos de la ciudad, y ese también era su principal propósito, lograr ser el más adinerado del reino. No le bastaba con tener mucho más dinero del que podía gastar, su felicidad dependía exclusivamente de ser el primero, o al menos eso creía él.

Samuel era comerciante, tenía una bonita embarcación que surcaba los principales mares, en busca de destinos donde intercambiar y vender especias, seda o cualquier otro artículo con el que pudiera obtener un beneficio.

Tenía a su cargo a muchos marineros y vendedores que realizaban un excelente trabajo, aunque Samuel no terminaba de fiarse y siempre dirigía él mismo las expediciones. Durante los extensos periodos que duraban las travesías, se ausentaba dé su hogar, alejándose de su familia para continuar alcanzando  su meta, lo que él consideraba una carrera hacia el éxito en la que, únicamente, valía el primer puesto.

Al principio, regresaba cada tres meses aproximadamente. Los días previos a su llegada los vivía con gran ilusión, haciendo planes y pensando en que, al fin, vería a su mujer e hijo y podría pasar un tiempo con ellos, disfrutando de la postergada familia. Sin embargo, una vez que llegaba a su hogar, esa ilusión y entusiasmo se diluía y solo duraba un breve lapso, al cabo de unas semanas ya estaba pensando en el próximo viaje, incluso se sentía culpable por no estar trabajando y desperdiciar el tiempo de forma ociosa, gastando dinero en lugar de ganarlo.

Por este motivo, la frecuencia de retornos fue disminuyendo paulatinamente, pasando a ser una o dos veces al año y, algunas veces, cuando la distancia para regresar era larga, no le importaba permanecer más tiempo navegando.

Su familia se había acostumbrado a vivir sin él. Su esposa a no tener marido y su hijo a no tener padre, al menos presencialmente. Cada vez que regresaba era una fiesta. No derrochaba en regalos y lujosos objetos: joyas, juguetes, ropa..., intentando suplir, de esta manera, el tiempo de ausencia. No obstante, ni su mujer ni su hijo apreciaban esos obsequios, lo único que querían era permanecer con él, que les contara historias, que les dedicara su atención, con la esperanza de que fuera diferente y decidiera, por fin, establecerse de forma definitiva. Pero la despedida siempre llegaba y, con ella, también la tristeza.

El último viaje fue mucho más extenso de lo esperado, exactamente ocho años, en los que recorrió numerosos países de Oriente, estableciendo importantes relaciones comerciales en el sudeste asiático, lo que le permitió multiplicar sus ingresos. Sabía que era un intervalo excesivo, pero nunca encontraba el momento de regresar, estaba ganando tanto dinero, que temía perder la oportunidad, así que iba posponiendo la vuelta una y otra vez, sin ser consciente, realmente, del transcurso del tiempo, puesto que no hacía otra cosa que trabajar duramente día y noche.

Cuando llegó el día que retornaba a casa, solo pensaba en su llegada gloriosa, no le cabía ninguna duda de que ahora sí sería el hombre más rico del reino, y eso le llenaba de orgullo. Sabía que el esfuerzo realizado había merecido la pena, porque había logrado su sueño, se había convertido en un triunfador, y la sonrisa se proyectaba en su cara cada vez que imaginaba el prestigio adquirido, así como el respeto y admiración que le tendrían sus conciudadanos.

Nada más arribar al puerto, fue directo a su casa, había preparado un cofre repleto de monedas de oro, diamantes y preciosas joyas para regalárselo a su familia, pensando que los sorprendería con ese ostentoso tesoro. Golpeó con sus nudillos en la puerta de entrada, siendo la sorpresa para él mismo, al abrir un joven desconocido, de unos veinte años. Samuel lo miró fijamente, con desconcierto por el inesperado recibimiento.

—¿Papá? ¿Eres tú? —preguntó el muchacho, con la puerta entreabierta.

Samuel no podía creerlo, no había reconocido a su propio hijo, a quien abandonó siendo un niño y, ahora, se había convertido en un hombre.

—Pero..., cómo has crecido —acertó a pronunciar, examinándolo de arriba a abajo.

El reencuentro no tuvo nada que ver con ocasiones anteriores en las que su hijo, nada más verlo, se abalanzaba sobre él, llenando su cara de besos. Esa calidez de antaño se había congelado, en este momento no eran padre e hijo, sino dos viejos conocidos que volvían a verse tras muchos años.

Se sentaron, juntos, en el salón y estuvieron charlando acerca de todo lo acontecido. Su hijo estaba estudiando en la universidad —cuando Samuel se marchó, todavía iba a la escuela— y ya no jugaba con su legión de muñecos —como hacía la última vez que lo vio—, ahora prefería pasear con su novia —seguramente, para ella también eran los besos que en el pasado le pertenecieron—.

Cuando Samuel preguntó a su hijo por su madre, lo notó tenso, tardó en darle la respuesta. Samuel se asustó, pensó que algo trágico le podía haber sucedido.

—Mamá ya no vive aquí.

—¿Cómo que no vive aquí? No te entiendo.

—Es que ella vive con otra persona —acertó a revelar, titubeando.

Samuel recibió un golpe de angustia en una mejilla y un golpe de rabia en la otra. A pesar de que habían pasado ocho años desde que la vio por última vez —tiempo en el que ni siquiera le había escrito una carta—, de que la había abandonado, sin que su esposa supiera cuándo volvería o si alguna vez lo haría, Samuel nunca se había imaginado esa posibilidad, creía que cuando regresara seguiría esperándolo como siempre, creía que, una vez más, todo sería igual. Por eso, sintió angustia por perderla, pero también rabia, no contra ella, sino hacia sí mismo.

—Ha pasado demasiado tiempo, papá... Conoció a otro hombre y... Claro... No podemos esperarte toda la vida —explicó el chico con dificultad, aprovechando el silencio de su padre.

—Lo sé, lo sé —respondió Samuel cabizbajo.

Tras despedirse de su hijo, se apresuró a realizar otra visita pendiente. Por el camino, los vecinos de la localidad se acercaban a saludarlo eufóricamente y se arremolinaban a su alrededor para darle la bienvenida. Toda la ciudad murmuraba que había regresado el hombre más rico del reino.

Para Samuel, el reconocimiento y admiración de sus paisanos ya no era su prioridad, aquello que persiguió durante tanto tiempo había pasado a un plano inferior.

Nada más llegar a su destino, lo que más le sorprendió fue un cartelito colgado en la puerta, con el letrero «se vende». Llamó repetidas veces, pero nadie abrió.

—¿A quién buscas? —escuchó detrás de él.

Cuando se giró, reconoció a la adorable Camila, una mujer que conocía desde la infancia. Había pasado interminables veranos jugando en su jardín, puesto que fue su vecina en esa etapa de la vida en la que no era necesario conseguir dinero.

La encontró mucho más anciana de lo que la recordaba. Apoyándose en un bastón, con la espalda encorvada, alzó su mirada hacia arriba.

—¿¡Samuel!? ¿¡Eres tú!? —sondeó extrañada.

—Sí, soy yo —confirmó, descendiendo para conferirle un beso en su mejilla.

—Ha pasado mucho tiempo, demasiado —dijo Camila—. ¿No sabes lo de tu madre?

Samuel negó con la cabeza, agitándola velozmente.

—Falleció el año pasado —afirmó Camila—. Intentaron avisarte, pero nadie sabía dónde estabas.

—¡No puede ser! —interrumpió Samuel—. ¡Ni siquiera he podido despedirme de ella!

—Era ya mayor cuando te fuiste la última vez, el tiempo avanza y ya sabes que la muerte no espera a nadie.

Samuel no podía creerlo, no entendía nada, lo que parecía que iba a ser el mejor día de su vida, se había convertido en todo lo contrario, su sueño se había tornado en pesadilla. Mientras seguían acercándose personas para confesarle su admiración, él sentía un vacío enorme, una pena que, lejos de calmarse con las alabanzas de la multitud, iba en aumento. Solo quería escapar de allí, marcharse de nuevo, pero esta vez solo.

Se encaminó a un refugio que solía ir cuando era niño, un sitio aislado, a las afueras, con un pequeño arroyo, que ahora más bien parecía una charca. Todavía estaba el tronco en el que se sentaba para lanzar piedras al agua. Esta vez también se posó en él, pero no para lanzar piedras, sino para llorar.

El llanto se prolongó durante minutos y minutos, sin poder contenerlo, quizá porque la situación merecía explotar, quizá porque esos ojos llevaban demasiado tiempo secos.

—¿Qué te sucede? —escuchó una grave voz.

Se trataba de un conocido hombre en aquella ciudad, que contaba ya con muchos años. Era una persona humilde, que siempre había vivido allí y, a pesar de tener solo estudios básicos, todos lo consideraban muy sabio y frecuentemente se dirigían a él para pedirle consejo.

—¿Por qué lloras? —volvió a preguntar—. Has regresado victorioso, eres un hombre muy rico.

—Solamente tengo dinero —respondió Samuel.

—Pero es lo que querías, era tu sueño.

—Eso pensaba.

—Todos te envidian y respetan, eres muy famoso en estas tierras.

Esas palabras elogiadoras, a Samuel le hacían sentirse aún peor.

—Has conseguido una gran fortuna, puedes comprar lo que quieras —continuó exponiendo.

—¿Tú crees? —atestó Samuel despertando del letargo—. Si es así, ¿cuánto cuesta recuperar la infancia de mi hijo? ¿Qué precio tiene volver a besar a la que era mi esposa? ¿Y decirle a mi madre que la quería? Dime..., ¿cuál es el precio?

El sabio anciano, rápidamente comprendió lo que le sucedía y cuál era la respuesta.

—Amigo mío, el precio lo has puesto tú —dijo sosegadamente—, todo el dinero que has ganado es el precio de lo que has perdido.

Y Samuel, tristemente, comprendió que no es suficiente tener dinero para ser rico.

*Quien cambia felicidad por dinero, no podrá cambiar dinero por felicidad*

José Narosky

# PARA VIVIR DESPIERTOS...

Nos han enseñado que el dinero es muy importante, que lo necesitamos imperiosamente y cuanto más tengamos mejor será nuestra vida. Tanto es así, que unimos dinero con éxito, y consideramos personas exitosas a aquellas que poseen grandes fortunas. Hay que aclarar que el éxito es una cosa y el dinero es otra, no son sinónimos, porque no depende una de otra. Se puede tener éxito viviendo de forma humilde y ser un fracasado teniendo muchísimo dinero.

Generalmente, no somos conscientes de que la vida es limitada, vivimos como si fuéramos eternos, posponiendo planes, aplazando nuestros objetivos y dejando las cosas importantes para otra ocasión, sin caer en la cuenta de que las ocasiones que no se aprovechan, se pierden.

Pensamos que las cosas siempre seguirán igual, que podremos regresar en cualquier momento y nada habrá cambiado, que tendremos tiempo para hacerlo después, para cumplir la interminable lista de acciones pendientes, que el año que viene las circunstancias serán mejores que este, que las personas que queremos nos esperarán indefinidamente y que los hijos serán continuamente niños. Sin embargo, el reloj avanza y los trenes no esperan.

El dinero nos puede permitir libertad y llevar una vida más despreocupada, por lo que, efectivamente, es un componente necesario, aunque no prioritario, puesto que el dinero se puede recuperar, el tiempo no. Por tanto, hay que aprovechar y disfrutar de este tesoro llamado tiempo, ahora, no en un futuro incierto, en este momento que es cuando podemos, porque hay instantes, situaciones, oportunidades, sonrisas, abrazos y besos que si los dejamos escapar, no regresan.

Es necesario establecer prioridades, distinguir lo importante de lo urgente, lo fundamental de lo superficial, y recorrer la senda sabiendo que somos los protagonistas de nuestra propia historia, debiendo crear el escenario idóneo y escoger cuidadosamente las secuencias.

Por último, recuerda que soñar es gratis pero los sueños tienen un precio y como, muchas veces, los sueños se cumplen, debes escoger con total atención lo que deseas, para evitar que te suceda lo mismo que a Samuel y, después de conseguirlo, te des cuenta de que no era tu sueño y que, realmente, aquello que perseguías no era lo que necesitabas.

# RECUERDA...

| | |
|---|---|
| EL DINERO ES UN COMPONENTE NECESARIO, PERO NO PRIORITARIO | EL DINERO ES IMPORTANTE, AUNQUE NO LO MÁS IMPORTANTE |
| EL ÉXITO ES UNA COSA Y EL DINERO OTRA DISTINTA | NO SON SINÓNIMOS |
| EL RELOJ AVANZA Y LOS TRENES NO ESPERAN | APROVECHA LAS OPORTUNIDADES |
| EL DINERO SE PUEDE RECUPERAR, EL TIEMPO NO | EL TIEMPO ES UN TESORO QUE SE AGOTA. NO LO DESPERDICIES |
| SOÑAR ES GRATIS, PERO LOS SUEÑOS TIENEN UN PRECIO | ELIGE CON TOTAL ATENCIÓN TUS SUEÑOS |
| SOMOS LOS PROTAGONISTAS DE NUESTRA HISTORIA | CREA EL ESCENARIO IDÓNEO Y ¡ACTÚA! |

Aquel día no fue fácil para ninguna de las dos. Nunca es sencillo despedir a alguien que quieres, saber que será la última mirada, el último beso.

La complicación es aún mayor cuando se trata de la primera vez, cuando te enfrentas a un suceso del que nadie nos habla ni enseña, simplemente se descubre.

Eva no solo estaba muy triste, también se sentía furiosa porque no lograba entenderlo. Su abuelo, al que tanto amaba, se había marchado al cielo —como le decía todo el mundo—, sin avisar, sin decirle adiós... De repente y para siempre.

—¡Es injusto, mamá! ¿Por qué? —cuestionó Eva, sin saber que esa pregunta tenía múltiples respuestas, o quizá ninguna.

—Porque forma parte del proceso de la vida —explicó Natalia—. Naces y también mueres.

—¡Pues la vida es absurda! —vociferó Eva, cabreada—. ¿Para qué sirve la vida, entonces?

—Simplemente para vivirla.

# SI TUVIERA OTRA OPORTUNIDAD

Matilda y Valentina se miraron con ojos asustados, intuían que ese camión, al que habían subido, les llevaba a un destino temido. Al menos, eso es lo que les habían contado desde pequeñas, que existía un camión del que nunca se regresaba una vez que subías. Todas las vacas saben que sucederá un día, siempre ha sido así. Pudieron comprobarlo, ellas mismas, con otras compañeras de la granja, incluso con sus propios padres.

Sin embargo, habían vivido ajenas a esta realidad, como si no fuera con ellas, como si no les fuera a tocar nunca o, por lo menos, en un futuro muy lejano.

Ahora, dentro de ese horrible camión, todo era distinto, sabían que el fin estaba cerca, lo que les provocaba miedo, y también un repentino sentimiento de culpa.

—Te das cuenta de que nos iremos de este mundo sin haber vivido realmente —interrumpió el silencio Valentina.

—¿Por qué lo dices? —preguntó Matilda con voz temblorosa.

—¡Porque no hemos aprovechado la vida cuando la teníamos delante! —gritó Valentina—. Lo único que hemos hecho ha sido pastar y pastar.

Esas palabras hicieron reaccionar a Matilda, que explotó a llorar.

—Si al menos hubiéramos conocido otros pastos, pero apenas nos hemos movido de los que teníamos enfrente de la granja —pronunció Matilda.

—No solo eso, ni siquiera hemos disfrutado de nuestra granja, de nuestros amigos, de la fabulosa pradera que se extendía delante de nosotras —continuó Valentina.

—Solo pastar y pastar.

—Si tuviera otra oportunidad de vivir, no desperdiciaría el tiempo haciendo siempre lo mismo —confesó Valentina.

—Claro que no, yo tampoco —corroboró Matilda.

—¿Sabes lo que haría?

—¿Qué?

—Me levantaría a las cinco de la mañana para ver amanecer, ya que jamás he visto salir el sol. Muchas veces he pensado en hacerlo, sin embargo, el sueño se apoderaba de mí y lo dejaba para otro día... Pero ya no habrá más días —dijo Valentina, afligida.

—¿Sabes lo que haría yo? —preguntó Matilda.

—¿Qué harías?

—Caminaría sin rumbo, durante horas, para ver qué existe más allá de nuestro prado, cruzaría montañas, ríos, otros prados... Conocería nuevos caminos, lugares desconocidos... Pero ya no habrá más días —reafirmó Matilda, incrementando el llanto.

—Tengo una hermana en la granja de al lado y llevo años sin verla, si pudiera volver, iría a visitarla una vez al mes, quedaríamos para jugar al escondite o para echar carreras desde árbol hasta árbol, como solíamos hacer cuando éramos pequeñas. ¡Tendría que haberme dado cuenta antes!, pero no..., solo pastar y pastar.

—Me encantaría volver a la granja para mugir con cariño a nuestros compañeros y decirles que los quiero, parece mentira pero, en todo el tiempo que hemos pasado juntos, nunca se lo dije. —Reconoció Matilda.

—¡Ojalá tuviéramos otra oportunidad! Entonces sí que íbamos a aprovechar y hacer aquello que dejamos escapar, pensando que contábamos con todo el tiempo del mundo.

—Ya te digo, Valentina, podríamos hacer tantísimas cosas...

De repente, el camión se detuvo.

—Amiga, Matilda, creo que esto se ha acabado.

—Llegó el momento de despedirnos, Valentina.

Las dos vacas unieron sus cabezas, acariciándose afectuosamente. Las puertas traseras del camión se abrieron, reconociendo tras ellas a Mateo, el granjero que había sido su dueño. Con una delgada vara, golpeó suavemente a Matilda en su trasero, para advertirle que bajara del camión.

Se resistió a descender, tenía miedo por el final que le aguardaba. Sabía que iría directa al matadero, que su esbelto cuerpo serviría de alimento, que acabaría cocinada en un restaurante, devorada por algún hambriento comensal, quien sabe si poco hecha, al punto o muy hecha.

Valentina también sentía temor pero, sobre todo, una profunda tristeza, porque se había percatado de las innumerables cosas que le quedaban por hacer, porque se despediría de este mundo sin haberlo exprimido.

Caminaron por un estrecho sendero, ellas delante y Mateo detrás, como solía ser habitualmente. Un dueño al que, a pesar de todo, comprendían y perdonaban. Había sido bueno con ellas, les había dado mucha libertad —aunque no la hubieran aprovechado— y siempre las trató con cariño. Sabían que las reglas eran así, los animales están al servicio de los humanos, no era justo, pero no les quedaba más remedio que aceptarlo.

Tras pasear alrededor de diez  minutos, entraron en otro lugar que también parecía una granja.

—Seguramente, hemos venido a recoger a otras vacas que correrán nuestra misma suerte —dijo Matilda.

—Lo que me extraña es que hayamos bajado del camión en lugar de esperar dentro de él —repuso Valentina.

De repente, un hombre, ataviado con una indumentaria similar a la de Mateo, se acercó hasta la entrada.

Mateo se colocó delante de las vacas para interrumpir el paso y hacerlas frenar. Seguidamente, empezaron a hablar entre ellos.

—¿Escuchas algo? —preguntó Matilda.

—No oigo nada aunque, por los gestos, parece que ese hombre le está indicando dónde está el matadero.

Terminada la conversación, prosiguieron la marcha, accedieron al interior, atravesando la granja, esta vez acompañadas por Mateo y el misterioso desconocido. Era mucho más grande que la suya y con una cantidad enorme de animales: conejos, gallinas, caballos, ovejas....y por fin llegaron hasta donde se encontraban las vacas. En ese lugar volvieron a detenerse.

—Me da pena separarme de ellas, te llevas dos excelentes ejemplares —explicó Mateo.

Matilda y Valentina escuchaban atentamente, expectantes a lo que acontecía.

—Eso espero, te he pagado una buena suma de dinero por ellas —intervino el desconocido.

—Sabes que mi finca no funciona bien y tendré que cerrarla, de lo contrario no te las habría vendido, estas vacas dan una leche riquísima.

A Matilda se le escapó un mugido de alegría, ya que parecía que su fatal pronóstico no era cierto.

Mateo se acercó a las que habían sido sus vacas durante varios años:

—Aquí estaréis bien —indicó, acariciándolas en la nuca—, con más espacio y nuevas compañeras.

Después de pronunciar esas palabras, se alejó de aquel lugar.

Matilda y Valentina no se lo podían creer, estaban equivocadas, realmente no iban al matadero sino a una nueva granja, volvían a tener la preciada vida para disfrutarla, tenían ante sí la oportunidad deseada.

—Es increíble, Matilda, estamos vivas.

—Sí, nuestras súplicas han surtido efecto.

Ambas vacas retozaron alegremente, mugiendo de forma continuada, producto de la euforia, al sentir nuevamente el sabor de la vida ante ellas.

—Bueno, ¿y qué hacemos ahora? —preguntó Matilda.

—De camino hacia aquí, he visto un prado precioso y muy extenso, creo que iré a pastar allí —dijo Valentina—. ¿Y tú?

Matilda quedó pensativa, había sido un día con emociones dispares, un día que invitaba a la reflexión, tomar decisiones y replantearse el futuro.

—Me voy contigo —contestó Matilda—. No se me ocurre nada mejor que hacer.

*Cuando pensamos que el día de mañana nunca llegará, ya se ha convertido en el ayer*

Henry Ford

# PARA VIVIR DESPIERTOS...

A menudo nos lamentamos porque la vida tiene un final, que un día, inevitablemente, llegará. Sin embargo, al mismo tiempo, nos atrevemos a afirmar que la vida es un asco o una basura. Si la vida es una basura, ¿por qué tenemos miedo a perderla?

Es incongruente que temamos el paso del tiempo y, a su vez, lo desperdiciemos continuamente cuando disponemos de este; es ilógico que nos dé miedo morir y no nos dé miedo llevar una vida mediocre.

Una de las cosas que más puede ayudar a vivir es saber que un día vamos a morir, comprender esta obviedad y admitirla con naturalidad, realmente, cambia nuestra percepción de la vida, porque comenzaremos a apreciarla y otorgarle el valor real que tiene, entendiendo que se trata de un regalo, descubriendo que el futuro es una incógnita y los planes se tienen que hacer a corto plazo, recuperando la ilusión por actuar y atrevernos a realizar todo aquello que nos hace feliz, sin importarnos tanto equivocarnos, porque una vida sin errores es una vida sin pasión.

Aceptar que existe un final elimina muchas preocupaciones, porque la mayoría de ellas se convierten en irrelevantes, eligiendo centrarnos solo en las cosas que de verdad importan, aquellas que pueden perderse y hay que disfrutarlas mientras están.

Frecuentemente, nos hacemos promesas, que apenas duran unos días; nos proponemos un cambio que no aparece finalmente, porque es fácil quedar atrapados por la rutina y el confort de la pasividad. Igualmente, cuando enfermamos o tenemos un susto de salud, es cuando somos conscientes del valor de la vida y ansiamos recuperarnos para poder hacer todas esas cosas que no hicimos, sin embargo, una vez que estamos bien, pronto se olvida y regresamos a nuestro estado anterior, como le ocurrió, en el cuento, a Matilda y Valentina.

Si quieres que algo suceda, tienes que hacer algo. No esperes a que sea tarde, no te pongas excusas, no busques otra circunstancia mejor, no lo pienses más… ¡Hazlo!

Si te gusta bailar, baila; si te gusta viajar, viaja; si te gusta cantar, canta; si te gusta hacer deporte, haz deporte; si te gusta la montaña, ve a la montaña… y si te gusta todo, hazlo todo. No dejes para otra vida lo que puedas hacer en esta porque, efectivamente, vamos a morir un día, pero el resto de días están ahí para vivirlos.

# RECUERDA...

| | |
|---|---|
| LA VIDA ES UN REGALO | NO UNA IMPOSICIÓN... DISFRÚTALA |
| EL MIEDO NO RADICA EN MORIR | SINO EN NO VIVIR DE LA FORMA DESEADA |
| SI QUIERES QUE ALGO SUCEDA... | TIENES QUE HACER ALGO |
| NO ESPERES A QUE SEA TARDE, NO TE PONGAS EXCUSAS | ¡HAZLO! |
| UNA VIDA SIN ERRORES ES UNA VIDA SIN PASIÓN | EQUIVÓCATE, PERO DESPUÉS APRENDE |
| NO DEJES PARA OTRA VIDA LO QUE PUEDAS HACER EN ESTA | JUEGA, BAILA, VIAJA, CANTA, RÍE... ¡VIVE! |

—Mamá, ¿te gustaría poder regresar al pasado?

—¿Para qué? —preguntó Natalia.

—Para cambiar las cosas que no te gustan.

—¿Y qué conseguiría con eso?

—Arreglar aquello que hiciste mal.

—Pero si hiciera eso…

—¿Tu vida sería distinta? —se anticipó Eva, intuyendo lo que iba a decir.

Mentalmente, Natalia realizó un rápido repaso de su existencia, evocó aquellas cosas que hizo, que no hizo o que podía haber hecho. Pensó en los errores del pasado, lo que supusieron entonces y lo que suponen ahora.

—No me gustaría poder regresar al pasado —concluyó Natalia, después de reflexionarlo.

—¿Por qué? —consultó Eva extrañada.

—Porque mi vida sería distinta.

# EL EFECTO DOMINÓ

Manuel regresó esa tarde del colegio muy enfadado.

—¿Qué te ocurre? —preguntó Ángela, su madre.

—¡Nada! —respondió tajantemente, evidenciando su estado.

Ángela sabía que no se puede ayudar a alguien a quien le sucede «nada», por tanto, continuó degustando su zumo, sin añadir ningún comentario.

Pasados unos minutos, en los que el silencio imperaba, Manuel decidió quebrantarlo y comenzar su explicación:

—Hemos jugado el campeonato de fútbol del recreo y, por mi culpa, nos han metido un gol y hemos perdido.

—¿Por qué ha sido tu culpa? —preguntó su madre.

—Porque me han pasado el balón en defensa, un adversario me lo ha quitado y se ha quedado solo frente al portero.

—Pero no lo has hecho a propósito —dijo Ángela.

—¡Claro que no lo he hecho a propósito! —gritó Manuel—. Pero tenía que haberle pegado una patada fuerte al balón y haberlo alejado, en vez de regatear.

—Bueno, ahora lo sabes. En ese momento hiciste lo que creías oportuno.

—Ya, pero tenía que haber despejado —reiteró Manuel.

—Puede..., pero no lo hiciste.

—¡Por supuesto que no lo hice! ¡Por eso nos metieron el gol! —gruñó furioso, levantándose airadamente para marcharse a su habitación.

Al día siguiente, la escena volvió a repetirse, solo que con diferente motivo. Manuel volvía a estar malhumorado, lamentando un nuevo hecho.

—¿Qué sucede esta vez? —preguntó Ángela, al contemplar el visible enojo en su rostro.

—Que le dije a mi compañero, Rafa, un secreto y ahora lo sabe toda la clase.

—Pues dos cosas conoces ahora que antes no conocías: ya no es un secreto y no puedes confiar en Rafa.

—No se lo tenía que haber dicho, ¡es un bocazas! —pronunció Manuel—. ¡Ojalá se pudiera volver atrás para cambiar las cosas!

Esa afirmación le hizo reflexionar a Ángela, que permaneció distraída unos segundos y, cuando parecía que iba a intervenir para darle una explicación, inesperadamente, se levantó y pidió a su hijo que le acompañara.

Avanzaron hasta su dormitorio, abrió el armario y, de uno de los cajones, cogió un juego de dominó.

—¿Has oído hablar del efecto dominó? —preguntó Ángela.

—No —respondió escuetamente Manuel.

Ángela sacó las fichas y, sobre el suelo, comenzó a colocarlas una delante de otra, creando una larga fila de piezas.

—¡Ah!, ya sé lo que estás haciendo —dijo Manuel—. Una vez que estén las fichas puestas, empujarás a la primera y caerán todas.

—¡Exacto! —confirmó Ángela.

Cuando fue ubicada la última de las piezas, de la extensa y serpenteante fila, Ángela le pidió a su hijo que iniciara la acción. Manuel, con la uña de su dedo índice, tocó suavemente la primera ficha, comenzando el proceso de ir cayendo consecutivamente, una a una, de forma secuencial.

Rápidamente y de forma discreta, Ángela retiró una de las fichas del medio de la fila, de tal manera que, en este punto, se paralizó y quedó interrumpido el efecto dominó.

Manuel, tan pronto como percibió lo que había sucedido, protestó y preguntó a su madre la razón por la que había hecho eso.

Ángela sonriente, al comprobar la cara de sorpresa de su hijo, le ofreció la explicación que demandaba:

—Si comparamos este dominó con tu vida, cada una de las fichas sería una de las acciones realizadas, de las decisiones tomadas en el transcurso de los años. No somos fruto del azar, sino de actos, acertados y equivocados, que nos conducen hasta el presente como este efecto dominó. Por tanto, cada pieza colocada en nuestra vida es importante y necesaria para avanzar. Podemos mover o cambiar las fichas delanteras, las que corresponden al presente, y no sucederá nada, pero no podemos quitar ni una sola pieza del pasado... ¿Sabes por qué? —consultó Ángela.

Manuel, muy atento a la explicación, se encogió de hombros.

—Porque si yo hubiera quitado o cambiado alguna ficha de mi pasado, posiblemente, tú no estarías aquí.

***Tu tiempo es ahora, no lo desperdicies pensando en lo que podría haber sido y no fue***

Steve Jobs

# PARA VIVIR DESPIERTOS...

Nos han explicado que existen tres tiempos: presente, pasado y futuro. Sin embargo, no nos enseñan que el único tiempo en el que se puede vivir es en el presente. Ayer pasó y mañana no ha llegado, por tanto, «hoy» es lo que existe realmente.

Está bien evocar el pasado para recordar experiencias agradables y buenos momentos vividos, pero no debe convertirse en un refugio donde establecerse, rechazando lo que somos ahora, para instalarnos en un tiempo que ya es historia.

Instaurarnos en el pasado puede provocar que nos sintamos vacíos, desmotivados y apáticos en la situación actual. Esto sucede cuando no nos gusta nuestro presente y recurrentemente retornamos, con nostalgia, para recrear otros momentos que pensamos que eran mejores, sin percibir que podemos continuar creando instantes mágicos y, posiblemente, algunos de los más bonitos están por llegar.

Por otro lado, es frecuente buscar las causas de la infelicidad o de los problemas en el pasado, por lo que se hizo o no se hizo, arrepentidos, muchas veces, por algo que ya no se puede cambiar.

Es importante que nos quede claro esto: no solo no se puede cambiar, sino que tampoco se puede regresar. Por eso, es inútil lamentarse por aquello que es imposible modificar. Las cosas son como ahora mismo son, no como nos hubiera gustado. Únicamente podemos cambiar de ahora en adelante, utilizando los errores como fuente de aprendizaje para avanzar, no para retroceder.

Cada vez que nos veamos preguntándole al pasado «¿por qué?», debemos decirnos a nosotros mismos: «¿Tiene solución?».

Si tiene, adelante; si no tiene, para qué sufrir gratuitamente, mejor aceptarlo y saber que ese hecho sucedió así y no podemos hacer nada para eliminarlo o alterarlo, pero hay tantas cosas que tenemos delante y no las vemos porque nos empeñamos en mirar solamente hacia atrás.

Aprender y seguir es la única opción, entendiendo que nuestro presente es fruto de nuestro pasado para lo malo, aunque también para lo bueno, por eso, si tuviéramos la posibilidad de mover una ficha mal colocada, como hemos visto en el cuento, sin duda, también tendría otras consecuencias.

# RECUERDA...

EL ÚNICO TIEMPO EN EL QUE SE PUEDE VIVIR ES EN EL PRESENTE



EL PASADO NO DEBE CONVERTIRSE EN UN REFUGIO



LAS COSAS SON COMO AHORA MISMO SON



¿TIENE SOLUCIÓN?



PODEMOS CONTINUAR CREANDO INSTANTES MÁGICOS



NUESTRO PRESENTE ES FRUTO DE NUESTRO PASADO

Ese día, Natalia y Eva estuvieron presenciando un espectáculo de magia, donde pudieron disfrutar de los tradicionales trucos que, a pesar de haberlos visto otras veces, su ejecución seguía siendo un misterio.

La curiosidad de Eva no se conformaba con disfrutar de la función, quería averiguar cómo el mago podía sacar de su boca una sucesión de pañuelos interminable, descubrir la carta que pensaba una persona del público o cortar en dos mitades a su ayudante.

Esta curiosidad se incrementó cuando el mago escogió a Eva para participar en uno de los trucos.

—Mamá, ¿cómo es posible que del sombrero haya salido una paloma? —preguntó, excitada, nada más regresar al asiento.

Natalia sonrió, ante la cara de asombro de Eva.

—Incluso me ha enseñado el sombrero antes de hacerlo y, yo misma, he comprobado que no había nada dentro —explicó Eva.

—Ese es precisamente el secreto de la magia —respondió Natalia, todavía sonriente.

—Dímelo, dímelo, dímelo… ¿Cuál es? —solicitó Eva, ansiosa.

—Sencillamente, hacer visible lo que resultaba invisible y posible lo que parecía imposible… Esa es la verdadera magia.

# EL MAGO DE LOS SUEÑOS ROTOS

En una pequeña ciudad, vivía una joven que había perdido la ilusión. Desde hacía tiempo, albergaba un sueño que quería y no lograba. Por mucho que lo deseaba, su premio no llegaba.

Sintiéndose desdichada por ello, decidió que lo mejor era no soñar, de esta manera no se decepcionaría ni se consideraría una fracasada por no lograr su meta.

Conforme a su decisión, vivió ajena a su sueño, ni siquiera quería evocarlo, prefirió olvidarlo y relegarlo de su memoria.

Un día, caminando por el mercado, observó un cartel pegado en el escaparate de una tienda, que tenía por título: «El mago de los sueños rotos». Debajo de este título, solamente había un breve texto: «Si quieres cumplir tu sueño, visítame».

La muchacha lo leyó varias veces, desconcertada por el extraño cartel. Repentinamente, regresó a su cabeza ese antiguo sueño enterrado, aunque rápidamente lo apartó: «es absurdo», pensó.

Seguidamente, se convenció de que ese cartel carecía de sentido, imaginando que sería algún engaño o persona que quería aprovecharse de la situación. Por tanto, continuó su camino y se alejó de aquel escaparate.

Una semana después, regresó de nuevo al mercado y, al pasar por la misma tienda, volvió a observar el cartel, que aún permanecía pegado en el escaparate, solo que esta vez, habían añadido una nueva frase: «No dejes que se convierta en un sueño roto».

Nuevamente, el mensaje removió su mente y, aunque seguía desconfiando, lo cierto es que estaba muy intrigada. Dudando si sería buena idea, finalmente se animó y accedió a la tienda para indagar.

—Buenos días, quería informarme sobre el cartel que está en su escaparate —expresó la muchacha tímidamente.

—La verdad es que solamente puedo darte la dirección de su domicilio, no tengo más datos —dijo la tendera—. El mago me comentó que podía ser visitado cualquier tarde.

La joven, lejos de aclararse, aumentó su indecisión. Realmente, tenía curiosidad por conocer a ese mago aunque, por otro lado, también pensaba que, probablemente, sería una pérdida de tiempo.

A pesar de que procuraba evadir el tema, lo cierto es que durante toda la mañana estuvo dándole vueltas. Después de comer, se sentó en su sillón, divagando dilatadamente qué hacer. Cuando parecía haber decidido que sería una sandez conocer al mago, otro pensamiento emergía y le hacía preguntarse: «¿por qué no?».

Tras mucho titubear, adquirió suficiente valor y optó por realizar la visita.

Sobre las cinco de la tarde, se presentó en la dirección que la tendera le había proporcionado. Era una pequeña casa de color azul claro, que estaba ubicada en una angosta calle.

Golpeó con sus nudillos, suavemente, en la puerta de entrada, oyéndose, acto seguido, una rasgada voz desde dentro de la casa:

—Puedes entrar, está abierto.

Lentamente y, con un poco de temor, la chica pasó al interior, llegando hasta una pequeña sala, que solamente tenía una mesa de escritorio, sillas y algunos cuadros antiguos colgados de las paredes. Sentado, detrás de la mesa, se encontraba un hombre con larga barba blanca, ataviado con una túnica morada y un sombrero alto y escalonado que, efectivamente, le conferían el aspecto de un mago.

—Siéntate, por favor —indicó.

Haciéndole caso, la chica tomó asiento en una mullida silla situada al otro lado del escritorio.

—Si has venido a buscarme, imagino que es porque tienes un sueño roto —indagó el mago.

—La verdad es que no sé qué es exactamente un sueño roto —admitió la joven.

—Un sueño roto es aquel que un día decidimos abandonar —aclaró el mago.

—En ese caso, creo que así es.

—Solamente te formularé una sencilla pregunta —expresó el mago, acariciando su extensa barba—. ¿Tu sueño es posible?

—Sí —contestó la muchacha, después de cavilar en silencio durante algunos segundos.

—Entonces, eso es todo lo que necesito saber —sentenció el mago—. Un sueño no supone una tarea fácil de alcanzar, porque no basta con quererlo, no es suficiente desearlo, hay que perseguirlo y luchar por él, muchas veces con esfuerzo y, sobre todo, hay que creer... ¿Tú crees en los sueños? —preguntó.

—Hubo un tiempo en que creí, sin embargo, ahora ya no sueño —confesó la chica.

—¿Por qué? —cuestionó el mago.

—Porque, la mayoría de las veces, los sueños no se cumplen y es doloroso ilusionarte para nada.

—¿Recuerdas algún sueño que se haya cumplido?

La chica, pensativa, intentó responder a la pregunta, buscando algún ejemplo que aportar.

—No lo recuerdo —indicó.

—No lo recuerdas porque se cumplió —afirmó el mago—. Únicamente nos acordamos de los sueños rotos, en cambio, aquellos que conseguimos, caen fácilmente en el olvido y solo existe una forma de evocarlos.

—¿Cuál? —preguntó la chica.

—Tienes que agradecerlos —explicó—. Por tanto, eso es todo lo que tienes que hacer.

—¡Pero si ni siquiera sé cuáles son! —repuso, sorprendida por el dictamen.

—Entonces, no puedo ayudarte, tendrás que volver a creer en los sueños —concluyó el mago.

La muchacha se marchó decepcionada, no es que tuviera muchas expectativas, aunque sí esperaba alguna solución mejor ya que, el supuesto mago, no había hecho absolutamente nada para ayudarle con su sueño, ni siquiera le había preguntado por este y no se había interesado lo más mínimo por saber de qué se trataba.

Regresó a su casa y, todavía enojada por el frustrante encuentro con el mago, se fue a la cama sin cenar. Saber que su sueño seguiría roto, le había dejado sin apetito. Cuando retornaba a su mente la conversación mantenida, el enfado crecía, ya que no entendía cuál era la función de ese hombre, puesto que era evidente que no se trataba de un verdadero mago.

A la mañana siguiente, antes de que sonara el despertador, súbitamente se incorporó. Estaba eufórica, durante la noche algo extraño había sucedido, fue tan auténtico que parecía haberlo vivido y es que, ciertamente, así era. Esa noche, por primera vez en mucho tiempo, había soñado de verdad y de forma muy diferente a lo habitual porque, en esta ocasión, sus sueños se habían convertido en realidad.

Vivamente, se levantó de la cama y corrió hasta el salón, observó con detenimiento cada uno de los rincones: sus muebles, sus pertenencias, los objetos decorativos, sus cuadros... Después, se dirigió hasta su habitación, cogió el maletín que cada día usaba para trabajar, lo agarró con sus dos manos y lo llevó contra su pecho, abrazándolo con fuerza. A continuación, con mimo dejó el maletín en su sitio y se dirigió hasta la pequeña oficina donde se encontraba su marido. Nada más verlo, sin previo aviso, le propinó un sonoro beso en la mejilla, al tiempo que estrechó con las manos su cuerpo. El marido, sorprendido, la observó atónito por aquella inesperada reacción, mientras ella simplemente sonrió y, rápidamente, se esfumó para hacer la última visita, la más especial. Abrió la puerta del cuarto donde estaba su hijo jugando y, directamente, se abalanzó sobre él y lo alzó en brazos, cubriendo su delicada cara de besos. «Gracias», repetía en voz alta, mientras sus labios recorrían el rostro de su pequeño.

Esa noche, había vuelto a creer en los sueños, porque descubrió que aquella bonita casa, en pleno centro de la ciudad, cuando su entorno le decía que no podría permitírsela, ahora era su hogar; que aquel trabajo, con el que disfrutaba a diario, lo logró a pesar de existir muchos candidatos que optaban por el mismo puesto; que estar junto a la persona que amaba, fue posible superando obstáculos e impedimentos.

Las lágrimas resbalaron por su cara, cuando recordó que, el mayor de sus sueños, lo alcanzó con muchas trabas, incertidumbre y momentos complicados, siendo ahora ese precioso niño de ojos verdes y pelo anillado, que cada día despertaba a su lado, su tesoro capital.

Todos estos hechos no los identificaba como sueños, porque se habían cumplido y, cuando un sueño se cumple pierde su valor, solamente la gratitud puede devolverlo al lugar que merece,

También entendió que esos sueños pudieron haber sido «sueños rotos» si no hubiera creído en ellos porque, ahora, era consciente de que ningún sueño se cumple sin esfuerzo, sin perseverancia, sin confianza. Un sueño tiene que crearse con coraje y tesón.

Ese día aprendió que un sueño roto no es el que no se logra, sino el que no se intenta y, sobre todo, entendió la principal lección que el mago le enseñó:

«Para que un sueño se cumpla, hace falta soñar».

***Solo es capaz de realizar los sueños el que, cuando llega la hora, sabe estar despierto***

León Daudí

# PARA VIVIR DESPIERTOS...

En el cuento se utiliza el término «sueño roto» en referencia a los sueños que un día dejamos abandonados. Esto pudo ser por varios motivos:

- Alguien nos dijo que no podríamos lograrlo.
- Nosotros mismos nos convencimos de que no lo conseguiríamos.
- No lo intentamos lo suficiente.
- Lo perseguimos con fuerza y, aún así, no pudimos alcanzarlo.
- Era un sueño imposible.

Tal y como explica el mago en el cuento, para que un sueño pueda cumplirse, debe tener una condición necesaria: que sea posible.

A pesar de que esta condición pueda parecer obvia, muchas veces perdemos energía y tiempo en sueños que son imposibles, bien porque se encuentran en el pasado —y no podemos regresar para realizarlos— o porque los queremos pero no creemos que seamos capaces. Es muy importante que nuestros sueños sean realistas, ya que solo conseguiremos aquellos que nos creamos realmente, que podamos visualizarlos en nuestra mente y tengamos la convicción absoluta de que están a nuestro alcance, por ello, debemos distinguir entre fantasía y sueño real, conocernos y saber nuestras cualidades y también nuestras limitaciones —solamente las que son auténticas, no las que nosotros mismos nos creamos de forma imaginaria, que son la mayoría—.

Otro aspecto importante, que hemos visto en el cuento, es que generalmente nos acordamos de los sueños que no logramos, en cambio, olvidamos los que sí hemos conseguido y forman parte de nuestra vida. No podemos permitir que aquello que obtuvimos con esfuerzo y voluntad, una vez que lo tengamos, pierda su valor.

Lo que no se agradece tiende a olvidarse, por eso hay que dar gracias por todo lo que hemos logrado, a lo largo de los años, otorgándole mérito siempre, porque también pudieron haber sido sueños rotos, sin embargo, luchamos por ellos y ahora son nuestros.

Los sueños, en general, requieren trabajo y compromiso —nadie dijo que sean tarea fácil—, pero también transmiten ilusión y motivación, así que no tengas miedo a soñar y después despertar, simplemente atrévete a soñar despierto.

# RECUERDA...

ES IMPORTANTE QUE LOS SUEÑOS SEAN REALISTAS → DEBEMOS CREER EN ELLOS Y SABER QUE SON POSIBLES

HAY QUE AGRADECER LOS SUEÑOS QUE INTEGRAN NUESTRA VIDA → PORQUE PUDIERON SER «SUEÑOS ROTOS»

LOS SUEÑOS SE ADAPTAN A NUESTRAS CIRCUNSTANCIAS → Y SIEMPRE PODREMOS SOÑAR

DEBEMOS DISTINGUIR ENTRE SUEÑO REAL Y FANTASIA → CONOCERNOS Y SABER NUESTRAS CUALIDADES Y LIMITACIONES

LOS SUEÑOS REQUIEREN TRABAJO Y COMPROMISO → NADIE DIJO QUE SEAN TAREA FÁCIL

NO TENGAS MIEDO A SOÑAR Y DESPUÉS DESPERTAR → ATRÉVETE A SOÑAR DESPIERTO

—Mamá, ¿tú eres feliz? —preguntó Eva repentinamente.

Natalia se quedó callada, no solo porque dudaba de la respuesta, también porque le sorprendió que alguien tan pequeña tuviera preguntas tan grandes.

—Sí, soy feliz —afirmó finalmente.

—¿Por qué? —volvió a preguntar Eva.

—Simplemente, porque quiero serlo.

—Pero no basta con querer, ser o no ser feliz no se elige, depende de lo que tienes.

Natalia contempló la tierna cara de su hija, sus brillantes ojos azules y esos hoyuelos que forman sus mejillas cuando se pone seria. Acarició su cabello, jugando los dedos con su larga melena. Besó la suave piel de su frente y volvió a perderse en sus ojos.

—Precisamente por eso soy feliz…, porque sé lo que tengo.

# CUESTIÓN DE PRIORIDADES

Katmandú es la capital de un país llamado Nepal, al que principalmente se le conoce por ser el techo del mundo, al tener en su territorio el Everest, esa enorme montaña de más de 8000 metros de altitud.

Katmandú es una ciudad bulliciosa y caótica, en la que solo cruzar de un punto a otro se convierte en un logro, puesto que las calles están abarrotadas de motocicletas que avanzan zigzagueando, con una comparsa de cláxones que retumban con estrépito en los oídos.

Katmandú es una ciudad sucia y tan polvorienta que incluso la respiración es dificultosa.

Katmandú está derruida, en parte por el terremoto que sufrió hace unos años, en parte por el abandono que sufre siempre.

Katmandú es pobre y rica a la vez, según lo que valoremos.

Desde pequeña había tenido la oportunidad de viajar a diferentes países, descubriendo, junto a mis padres, monumentos preciosos: la torre Eiffel en París; la puerta de Brandenburgo en Berlín; el Coliseo romano... Monumentos que observas con la cabeza inclinada hacia arriba, para preguntarles, con admiración, por qué las nuevas edificaciones no han aprendido nada de ellos.

Esta ciudad también estaba repleta de esos monumentos, desgastados y mal conservados, aunque exhibiendo una muestra de lo que fueron en otra época. Sin embargo, lo que más me llamaba la atención y realmente me atraía, era el espectáculo invisible que acontecía, aquel que sólo se puede contemplar con los ojos curiosos del observador.

Los monumentos no hablan cuando los miras, las personas sí. Detrás de cada mirada, cada gesto o cada acción había una historia, también invisible.

Un hombre que transportaba, en su espalda, un frigorífico que ocupaba dos veces su tamaño; una mujer cargando con más bebés que manos para sujetarlos; el interminable colchón, que constituía el suelo, para dar cabida a los múltiples cuerpos que posaban sobre él; las miradas penetrantes y valientes; las sonrisas... infinitas.

Sin esperarlo, mientras me encontraba despistada observando los múltiples entretenimientos visuales, se acercó una niña. Una niña posiblemente de mi edad, posiblemente con los mismos gustos, con los mismos intereses, aunque con distintas necesidades.

Era morena como yo, de mi misma estatura y con el mismo color de ojos. Entonces, ¿qué nos diferenciaba?: ella estaba mucho más delgada, su ropa más andrajosa y sobre su hombro no llevaba una bonita mochila como la mía, sino un saco lleno de cartones.

Esperé a que nos pidiera dinero o algo para comer, sin embargo, no hizo nada de esto, solamente me miró y sonrió.

Yo también la miré y, sin decirlo, supongo que nos saludamos. Ella no hablaba español y yo no hablaba nepalí, no obstante, las dos reíamos cada vez que nuestras miradas se cruzaban, y sentí que no eran necesarias las palabras para entendernos.

Corriendo por la calle se aproximó otro niño, más sucio, más pequeño. Apenas tendría cinco años. Transportaba también, sobre su hombro, un voluminoso saco, que casi ocupaba más espacio que su cuerpo. Se detuvo frente a mí y, con los ojos más grandes que había visto jamás, me miró y me regaló su sonrisa, sin pedir nada a cambio.

Mi padre sacó de su bolsillo unas chocolatinas y les entregó una a cada uno, después, nos marchamos de allí, despidiéndolos con un simple gesto con mi mano, mientras ellos siguieron recogiendo cartones… y sonriendo.

—¿Por qué parecen felices? —le pregunté a mi padre.

—Porque lo son —respondió.

—¿Y cómo es posible? —volví a indagar.

—Porque la vida es cuestión de prioridades —añadió, y yo asentí con la cabeza, a pesar de que no sabía a qué se refería.

Como suele suceder generalmente, cuando ya era tarde, pensé que podríamos haberles regalado algo mejor que una chocolatina, que podría haberles dedicado más tiempo, haber jugado un rato, hablarles sobre mí, aunque fuera en otro idioma o, al menos, haber sonreído tanto como ellos. Sentí rabia por su situación, por su infancia robada, por no poder ayudarles, o por poder ayudarles y no hacerlo.

Enredada en estos pensamientos, entramos en un pequeño restaurante para almorzar. Mi apetito había disminuido, aun así, me comería un sándwich y quizá un helado de postre. Yo sí podía hacerlo, esa era otra diferencia.

Pegado en una columna, observé un papel con la contraseña wifi del local. Mientras esperaba mi plato, saqué de la mochila mi móvil, introduje la contraseña y aproveché para revisar el olvidado *whatsapp*, sorprendiéndome con los más de cincuenta mensajes que encontré en el grupo de «amigos del instituto».

Al leerlos, comprobé con asombro que el drama no se encontraba en Nepal, sino en España. Mientras aquí sonreían, allí lloraban: la selección nacional de fútbol había sido eliminada del Mundial.

Justo en ese momento, recordé aquella respuesta de mi padre, que no había terminado de esclarecer.

—Papá, creo que ya entiendo por qué la vida es cuestión de prioridades.

*Lo que haces marca la diferencia, y tienes que decidir qué tipo de diferencia quieres marcar*

Jane Goodall

# PARA VIVIR DESPIERTOS...

En general, existen tantas interpretaciones y definiciones sobre la felicidad, que sería imposible recopilarlas todas. Para algunos, la felicidad se encuentra en tener dinero, salud y amor; otros, en cambio, creen que existe una fórmula matemática de la felicidad; los más pesimistas contemplan que la felicidad no existe, y según Mario Vargas Llosa, solo un idiota puede ser totalmente feliz.

Por otro lado, son muchos los autores, sobre todo contemporáneos, que insisten con fuerza en que tenemos que ser felices a toda costa, sin excepción y de una manera hasta estresante: «no importa lo que pase, tienes que tener felicidad siempre, sé feliz, sé feliz...», repiten continuamente. Pero no explican cómo o lo hacen de una forma simplista, limitándose a reiterar incesantemente que seas feliz, algo que lo único que consigue es abrumarnos más aún, porque confundimos sentimientos necesarios como la tristeza con infelicidad y, a veces, hasta nos sentimos culpables porque no logramos permanecer felices a todas horas.

Siempre me ha atraído el concepto de felicidad, ese codiciado tesoro que todos queremos conseguir, aunque no sabemos cómo. Por eso, decidí estudiar y analizar a la gente feliz, aquella que lo es, la mayoría de las veces, sin tan siquiera saberlo.

Después de investigar, durante muchos años, el comportamiento humano, los patrones de conducta y la forma de actuar y pensar, encontré el primer error de base: creer que la felicidad podía tenerse, como si fuera una aplicación que la instalamos en nuestro cuerpo. Ahora comprendo que la felicidad no consiste en tener, sino en ser.

Descubrí que la felicidad es una actitud ante la vida y no se encuentra en el exterior, sino en el interior, depende de nosotros mismos, de la actitud que adoptemos ante las circunstancias que nos toquen vivir, porque la gente feliz no es la que tiene mejores circunstancias, sino la que transforma sus circunstancias. Por este motivo, hay personas que ven problemas por todas partes y otras que buscan soluciones; esta es la causa por la que hay quien tiene prácticamente todo y está deprimida, mientras que sujetos, con situaciones personales muy adversas, viven con entusiasmo.

Por eso, la vida es cuestión de prioridades, porque podemos escoger enfrentar las dificultades con actitud positiva o negativa, porque podemos agradecer lo que tenemos o centrarnos en lo que nos falta.

Quizá no es posible la felicidad permanente, aunque cada día podemos escoger afrontarlo con el ceño fruncido o con una sonrisa.

# RECUERDA...

LA TRISTEZA NO ES INFELICIDAD

LA TRISTEZA SE SIENTE, LA INFELICIAD SE ELIGE

LA VIDA ES CUESTIÓN DE PRIORIDADES

PUEDES QUEJARTE O AGRADECER LO QUE TIENES

LA FELICIDAD NO CONSISTE EN TENER

CONSISTE EN SER

LA GENTE FELIZ NO ES LA QUE TIENE MEJORES CIRCUNSTANCIAS

SINO LA QUE TRANSFORMA SUS CIRCUNSTANCIAS

LA FELICIDAD ES UNA ACTITUD ANTE LA VIDA

Y DEPENDE DE NOSOTROS MISMOS

QUIZÁ NO SEA POSIBLE LA FELICIDAD PERMANENTE

AUNQUE CADA DÍA PODEMOS ESCOGER SONREIR

—Mamá, ¿te arrepientes de algo en tu vida?

—Nunca me he puesto a analizarlo, porque ¿de qué sirve arrepentirse si ya no se puede cambiar? —planteó Natalia.

—Tienes razón —afirmó Eva—, pero piensa... ¿de qué te arrepientes?

Natalia, rápidamente repasó su pasado para darle una respuesta a su hija.

—No me arrepiento de nada que haya hecho.

—¡Mentira! —exclamó Eva, incrédula—. Seguro que hay alguna cosa que hiciste de la que te arrepientes.

—Créeme, es cierto —dijo Natalia—. No me arrepiento de nada que haya hecho, solo me arrepiento de cosas que no he hecho.

# EL MEJOR REGALO

Todos sus familiares se congregaron para acompañar a Anselmo en un día especial, un día al alcance de pocos, de hecho, en su pueblo era el único que tenía el privilegio de haber llegado hasta los cien años de edad, lo que le convertía en el hombre más anciano de la localidad.

Aunque un siglo puede parecer muchísimo tiempo, Anselmo tenía la sensación de que se había pasado sin enterarse, principalmente, porque su vida transcurrió más tiempo en el futuro que en el presente, su mente siempre había viajado por delante, robándole el sabor del día a día, arrebatándole el placer de vivir cada momento:

- Cuando era un niño, no disfrutó de las ventajas de la infancia, porque pronto aprendió a desear ser mayor.
- Estudió durante años sin valorar su formación, esperando a cumplir los dieciséis años para poder empezar a trabajar.
- Desarrolló su carrera profesional como electricista, durante casi cincuenta años, persiguiendo el fin de semana, como un salvavidas de su rutina semanal, y añorando, durante todo el año, esas fugaces vacaciones.
- Pasados los sesenta años, su mente se encaminó hacia la jubilación, esa etapa en la que pensaba que podría hacer todo lo que tenía pendiente.

- Al llegar la jubilación, el temor a envejecer y sus consecuencias, le impidieron aprovechar el tiempo libre que poseía.
- Ahora, recién cumplidos los cien años, el pensamiento, inevitablemente, se dirigía hacia la proximidad del fin de su existencia.

Entre sus familiares acordaron comprarle un importante regalo, no podía ser un detalle cualquiera, puesto que la ocasión merecía algo más exclusivo de lo habitual. Por este motivo, se propusieron realizarle el mejor regalo de su vida.

Celebraron una asamblea, donde participaron las personas más allegadas de Anselmo, para decidir este regalo.

—Yo creo que podemos regalarle un viaje a algún destino paradisiaco —dijo su hijo mayor.

—Estaría bien, pero él apenas puede andar unos metros seguidos sin cansarse, además de que serían muchas horas de avión y puede ser incluso peligroso para su salud —alegó su sobrina.

—Tienes razón —reconoció su hijo.

—¿Qué os parece una pequeña barca? —sugirió su yerno—. Siempre me ha contado que cuando era joven le encantaba pescar, seguro que le gustará.

—Tú lo has dicho —replicó la nieta de Anselmo—. Cuando era joven..., ahora ya no está para ir a pescar.

Durante más de una hora, estuvieron debatiendo sin llegar a un acuerdo. Finalmente, hubo una propuesta, por parte del menor de sus hijos, que fue consensuada por el resto como la mejor opción, ya que se limitaba a entregarle un cheque con dinero para que él mismo pudiera decidir comprarse el regalo de sus sueños.

—Podemos ampliar la colecta a todos los vecinos del pueblo, cuanto más dinero consigamos mucho mejor podrá ser el regalo —formuló uno de los nietos, consiguiendo la aprobación unánime.

Anselmo era una persona muy querida en el pueblo, lo que hizo que prácticamente todos los habitantes del mismo participaran con un donativo.

La fiesta de cumpleaños se celebró en una finca que el alcalde había cedido y acondicionado para acoger el evento. Se distribuyeron largas mesas por todo el espacio, colmadas de diversos aperitivos, colocaron luces de colores, guirnaldas y todo tipo de adornos para decorar el lugar, incluso la velada fue armonizada por una orquesta que el propio Ayuntamiento había contratado.

Anselmo llegó hasta el centro del recinto con los ojos vendados, guiado por sus familiares, mientras los allí congregados guardaban silencio. Aunque Anselmo intuía que la sorpresa estaba relacionada con su cumpleaños, cuando retiró el vendaje y observó a todo el pueblo reunido, aplaudiendo, vitoreándole y cantándole cumpleaños feliz, afloró una intensa emoción, que fue en aumento a lo largo de la tarde, por las continuas muestras de cariño recibidas y la magnífica organización del homenaje.

Después de la cena, llegó el esperado momento del regalo. Sus cinco biznietos le entregaron un paquete, engalanado con un lazo rojo. Anselmo, que carecía de una correcta motricidad en sus manos, necesitó bastante tiempo para abrirlo y, una vez que lo consiguió, sacó de su interior un sobre. Con lentitud, pudo destapar un lateral, descubriendo, dentro, un cheque al portador por valor de veinte mil euros.

Su primera reacción fue de auténtico asombro, evidentemente no esperaba un regalo tan oneroso.

—¡Enhorabuena! —gritó la multitud.

—¡Menuda suerte, Anselmo! —Se escuchó.

—¡Qué envidia! —Fue otro de los comentarios proferidos.

El hijo menor, que también fue el que tuvo la idea, muy orgulloso por haber conseguido una suma tan importante de dinero, se levantó solicitando un aplauso para Anselmo. Posteriormente, otorgó un dilatado abrazo a su padre, y le invitó a que explicara a los allí presentes qué iba a comprar con ese dinero.

Anselmo se levantó para agradecer a todos los asistentes su colaboración en semejante regalo.

—Pero dinos en qué lo vas a invertir para conseguir el mejor regalo de tu vida —insistió su hijo—. Porque ahora puedes comprarte lo que desees.

Si había algo de lo que estaba sobrado Anselmo era de experiencia, ya que durante esos cien años no solo había cometido errores, también había aprendido de ellos, por lo que haciendo honor de su usual sentido del humor, respondió de forma ingeniosa:

—Bueno, si así es, entonces me gustaría comprarte las piernas, ya que las mías apenas tienen fuerza para caminar.

Su hijo sonrió ante la inesperada oferta.

—También me gustaría comprar los ojos de mi querida nieta, puesto que los míos cada vez funcionan peor y ya me cuesta leer el periódico.

La nieta de Anselmo lo miró con sus preciosos ojos azules, humedecidos por las lágrimas.

—Por último, me gustaría comprarle, a mi adorable biznieto, quince años de su vida. ¿Será suficiente con los veinte mil euros? —preguntó.

El pequeño, directamente negó, agitando apresuradamente su cabeza.

—Está bien, me conformo con diez —bromeó Anselmo—. Podrás comprarte muchísimos juguetes.

El niño continuó rechazando la proposición, moviendo su cabeza cada vez más rápido.

Anselmo levantó el cheque, exhibiéndolo para que todos pudieran observarlo y, posteriormente, ante la estupefacción de los presentes, lo rasgó convirtiéndolo en pedazos.

—Os agradezco a todos este fantástico regalo y vuestra maravillosa intención, aunque realmente no lo necesito y tampoco puedo aceptarlo, porque os engañaría si admitiera que se trata del mejor regalo de mi vida, ya que, tal y como habéis comprobado,  los regalos que yo quiero no los puedo comprar ni con cien cheques como este.

El público contempló la escena silenciosamente, atendiendo, boquiabiertos, las palabras de Anselmo.

—El mejor regalo de mi vida es que estéis aquí, que me hayáis acompañando durante tantos años y lo sigáis haciendo en mi etapa final —pronunció—. El verdadero regalo es que hoy hayáis conseguido, entre todos, que me sienta muy feliz, porque a mi edad he aprendido que los mejores regalos no se compran con dinero, sino con amor.

Anselmo, que sujetaba entre sus dedos los trozos del cheque, los guardó en el bolsillo izquierdo de su camisa y, levantando su copa, finalizó su intervención:

—El mejor regalo de mi vida no lo he guardado en este bolsillo sino, justo detrás, en el corazón.

Cheque al portador
#20.000 € #

***Si me vas a regalar algo,
regálame tiempo y
aventuras juntos.
El resto me lo compro yo***

Anónimo

# PARA VIVIR DESPIERTOS...

Nos hemos acostumbrado a vivir rápidamente, con prisas por avanzar, anticipando el tiempo y los momentos. Cuando llega el lunes ya estamos pensando en el viernes y cuando llega el domingo ya nos estamos quejando porque el lunes está cerca. Creemos que un «día de estos» tendrán cabida las múltiples tareas pendientes, por eso, lo dejamos todo para un día que nunca llega: «un día de estos comienzo a ir al gimnasio, un día de estos empiezo la dieta, un día de estos dejo de fumar, un día de estos me apunto a clases de inglés...». Si de verdad quieres hacerlo, hazlo hoy.

Nos lamentamos de que los años pasan rápido pero, al mismo tiempo, aceleramos el proceso, deseando que lleguen las vacaciones —varios meses antes—; queriendo que los hijos crezcan para que sean más autónomos —sin caer en la cuenta de que no son solo ellos quienes se hacen mayores—; en Octubre ya pensamos en Navidad y en Agosto en la vuelta al cole; cuando hace frío echamos de menos el verano, y cuando hace calor anhelamos los frescos días invernales.

Siempre estamos adelantando el ciclo de la vida, perdiéndonos «ahora» para vivir «luego», porque cuando llega el ansiado día que estábamos esperando: cumpleaños, viaje, graduación, boda, maternidad..., rápidamente nos proyectamos de nuevo al futuro, evitando experimentar plenamente el presente.

Quizá sea el momento de dejar nuestra mente tranquila y disfrutar del calor del verano y del frío del invierno o saborear tanto el sábado como el lunes. Tampoco necesitamos esperar a que nuestros hijos crezcan para hacer planes propios.

Llegada la vejez, nos gustaría retroceder para vivir aquello que dejamos escapar, pero ya es tarde, no tenemos un mando a distancia para rebobinar.

Nadie que alcanza una edad avanzada se arrepiente por no haber dedicado más tiempo al trabajo o por no haber ganado más dinero, al contrario, se arrepiente de no haber compartido más momentos con sus hijos, de no haber viajado más, de haber pasado más tiempo contemplando una pantalla que la naturaleza, de no haber dicho «te quiero» suficientes veces, de reservar los besos para las despedidas y las risas para las comedias... Te arrepientes de no haber llevado la vida que te hubiera gustado vivir.

Como afirma Anselmo en el cuento: «Los mejores regalos son los que se guardan en el corazón». Es cierto que con dinero podemos comprar casi todo, sin embargo, los elementos más preciados como el amor, el tiempo y los instantes no están en venta, así que es preferible aprender el valor real de las cosas y no su importe.

# RECUERDA...

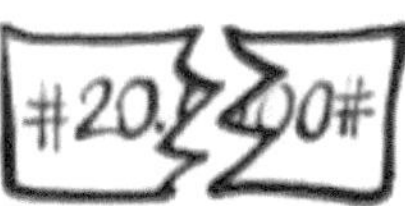


SI DE VERDAD QUIERES HACERLO, HAZLO HOY

NO LO DEJES PARA «UN DÍA DE ESTOS»

NO TE PIERDAS «AHORA»

PARA VIVIR «LUEGO»

LOS MEJORES REGALOS SON LOS QUE SE GUARDAN EN EL CORAZÓN

NO OLVIDES QUE ESTOS REGALOS NO PODEMOS COMPRARLOS

NO RESERVES LOS BESOS PARA LAS DESPEDIDAS

Y TAMPOCO LAS RISAS PARA LAS COMEDIAS

ASEGÚRATE DE LLEVAR LA VIDA QUE TE HUBIERA GUSTADO VIVIR

PORQUE NO TENEMOS UN MANDO PARA REBOBINAR

EL AMOR, EL TIEMPO Y LOS INSTANTES NO ESTÁN EN VENTA

APRENDE EL VALOR REAL DE LAS COSAS Y NO SU IMPORTE

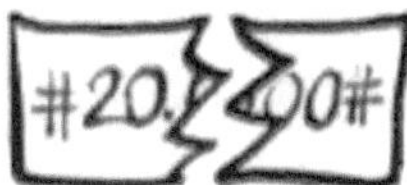

—Mamá, si los cuentos son para dormir, ¿por qué en el título de este libro pone que los cuentos son para vivir despierto?

Natalia soltó una sonora carcajada ante la ingeniosa pregunta recibida.

—No lo sé, habría que preguntárselo al autor —indicó Natalia—. Aunque puede que sea porque los cuentos no solo tienen el poder de dormir a los niños, también pueden despertar a los adultos.

Como hacían habitualmente, Natalia y Eva leyeron juntas un cuento antes de dormir, hablaron sobre este, comentaron lo más importante y, por supuesto, Natalia respondió las, cada vez más complicadas, preguntas de su hija. Posteriormente, le dio un beso de buenas noches, arropándola con mimo en su cama.

—Ahora a dormir, cariño.

—A dormir no, mamá, a soñar.

Eva cerró el libro, también los ojos, y soñó su propio cuento..., el que se crea durmiendo y comienza cuando despiertas.

FIN

**No olvides que eres protagonista de tu cuento personal... ¡Disfrútalo!**

GRACIAS por tu confianza y por haber escogido esta lectura

# SI TODAVÍA NO LO HAS LEÍDO...

Sumérgete en un viaje hacia tu interior. Una historia emotiva, ilusionante e inspiradora, en la que descubrirás que existir no es lo mismo que vivir

Descubre el libro que ha tocado el corazón de miles de lectores y se ha convertido en un símbolo de amor, motivación y superación

Si deseas contactar conmigo, será un verdadero placer escucharte y estaré encantado de atenderte: